DÉFENSE

DU PEUPLE FRANÇAIS

CONTRE SES ACCUSATEURS,

TANT FRANÇAIS QU'ÉTRANGERS,

APPUYÉE DE PIÈCES EXTRAITES

DE LA

CORRESPONDANCE

DE L'EX-MONARQUE,

SUIVIE

DE L'ANECDOTE QUI FIT, DE LA VIOLETTE,

UN SIGNE DE RALLIEMENT;

Par l'Auteur du *Précis historique sur Napoléon,*
des *Mémoires secrets,* et des *Amours secrettes.*

Ecrivain peu fameux, mais toujours estimable,
..ue verra jamais ma plume impitoyable,
Re...uifant des partis qu'il faut abandonner,
Aj.....deux citoyens prêts à se pardonner.

A PARIS,

Chez GERMAIN MATHIOT, libraire,
quai des Augustins, n°. 25.

1815.

IMPRIMERIE DE Mme. V^e. PERRONNEAU,
quai des Augustins, n°. 39.

L'AUTEUR

A M. Germain MATHIOT.

Monsieur,

Mon valet de chambre vous remettra avec la présente un manuscrit que les circonstances et les malheurs de mon pays me forcent de publier. Livrez-le de suite à l'impression. Veuillez, Monsieur, le faire tirer en grand nombre, et ne point regarder cette opération comme une affaire de commerce, mais bien comme un service à rendre à notre malheureuse patrie. Je desire de tout mon cœur qu'il remplisse le but que je me suis proposé en l'écrivant.

Agréez, Monsieur, les sentimens de mon estime.

Le baron de B***.

Paris ce 31 juillet 1815.

Les exemplaires exigés par la loi ont été déposés. Je préviens, en conséquence, que je poursuivrai tout contrefacteur ou débitant de cet ouvrage, dont les exemplaires ne seraient pas revêtus de ma signature.

Paris, 10 août 1815.

PRÉFACE.

Six cents mille soldats étrangers, éparpillés maintenant sur notre malheureuse patrie, vont, sans doute, nous faire payer bien cher les fureurs d'un seul homme. Qui-peut, aujourd'hui, nous sauver d'un total anéantissement ? qui peut empêcher nos plaies de s'agrandir ? nous-mêmes : oui, Français, vous-mêmes ! Ce n'est pas, il est vrai, en tenant desormais la conduite que nous avons tenue jusqu'à ce jour ; ce n'est pas en nous déchirant continuellement les uns les autres, soit de vive voix, soit par écrit, que nous parviendrons à présenter aux puissances étrangères une masse respectable, prête à payer le tribut de ses erreurs, mais plus digne encore d'obtenir une paix honorable, nécessaire au bonheur du monde. O France! ô patrie naguère si glorieuse et si belle! puis-je te reconnaître aujourd'hui? te reconnaîtrai-je dans quelques mois? quel sort t'attend? Il y a peu de tems reine des nations, ne cesseras-tu pas d'en être une! Ce sort affreux nous attend, n'en doutons pas,

si, bourreaux de nous-mêmes,
nous ne mettons à l'instant sous
nos pieds le brandon de nos divisions politiques. Nos dissen-
tions, nos troubles, nos cris
journaliers, peuvent-ils offrir
quelque sécurité aux puissances
qui nous épient? N'en doutez
pas, elles nous regardent, et
leurs demandes seront en proportion de l'intimité qu'elles
verront régner entre nous. Une
réunion générale leur donnerait
la mesure de nos forces, et leur
prescrirait de ne pas essayer
notre désespoir.

Français de toutes les classes
et de tous les partis, n'en ayons

désormais plus qu'un ; celui de l'héritier légitime. Le monarque, heureux de l'unanimité de vos sentimens, plaidera votre cause avec plus de chaleur. L'étranger vous respectera et vous ménagera davantage.

Votre sort est encore dans vos mains. Sur l'autel à demi-brisé de votre patrie en deuil, faites le sacrifice de vos ressentimens. Anathème à ces dénominations injurieuses, à ces épithètes incendiaires, qui mettent entre deux Français la distance d'un poignard.

Depuis vingt-cinq ans, des Français haïssent des Français.

Ne s'embrasseront-ils jamais?
Le sentiment de la haine est
pourtant quelque chose de bien
pénible! il torture l'âme, et les
plus doux plaisirs qu'il procure
sont des tiraillemens doulou-
reux. O mes compatriotes! les
coupables de l'un et l'autre parti
le sont beaucoup moins que les
uns et les autres le croient!
Nous nous sommes mutuelle-
ment noircis; et l'éponge de
l'oubli est seule capable d'enlever des taches, la plupart ima-
ginaires.

Le but de cet ouvrage, l'unique but que je me propose,
est de réunir, s'il se peut, les

esprits opposés, justifier les uns
aux yeux des autres, et prouver
qu'oublier le passé est le seul
moyen d'arracher notre patrie
à une ruine totale. Si je n'at-
teins pas le but que je me propose, je ne craindrai point que
l'on me reproche, comme à ces
écrivains furibonds, d'avoir es-
sayé de semer la discorde, de
réveiller des haines mal éteintes,
et d'ajouter de nouvelles plaies
à des cicatrices encore saignantes.
J'ai joint à l'apui de mes rai-
sonnemens, quelques pièces
inédites ou peu connues, toutes
copiées sur les originaux. Je
me suis bien gardé d'y rien

changer, soit dans le texte, soit dans l'expression. Si dans cet ouvrage, j'ai cherché, pour le bonheur commun, à justifier la masse générale, des erreurs où les circonstances ont pu l'entraîner, je n'ai point prétendu innocenter certains hommes incorrigibles, dont le gouvernement ne saurait trop surveiller les démarches et resserrer les moyens. Ceux-là, certes, ne trouveront jamais de défenseurs que dans l'indulgence du Souverain.

J'ai lu une prétendue conspiration dite *de la Violette*. J'ai moi-même été dupe de l'auteur. J'ai cru l'effet d'une trame bien ourdie ce qui n'avait jamais eu d'autre cause que le hasard d'une légère circonstance : non que je démente les personnes qui croient que Buonaparte avait ses vues, lorsque deux jours avant son départ de Fontaine-bleau, il affectait de porter des violettes, soit à la bouche, soit à la main; je me borne à narrer le fait tel que le maréchal Bertrand l'a depuis raconté à ses intimes.

DÉFENSE

DU PEUPLE FRANÇAIS

CONTRE SES ACCUSATEURS,

TANT FRANÇAIS QU'ÉTRANGERS.

CHAPITRE Ier.

Depuis vingt ans, qui peut avoir fait un si grand nombre de partisans à Buonaparte? Qui peut avoir rendu la France victime et complice involontaire de son usurpation et de ses fureurs? Voilà ce que tout le monde se demande, aujourd'hui que notre malheur est consommé. Les amis du roi s'étonnent sur-tout qu'un homme tel que Napoléon , se soit fait chez les Français d'aussi nombreux sectateurs. Ils se disent : cet homme, Corse d'origine, dur, sévère et dédaigneux, conquérant farouche et despote inhumain, comment a-t-il pu séduire tout un peuple ? Ceux qui s'étonnent ainsi , n'étaient sûrement pas en France lors des évènemens , ou ils raisonnent sans réflexion ; car, pour peu que l'on réfléchise aux tems , aux lieux , aux faits et aux circonstances, on a tout de suite la solution de cet étonnant problème.

Louis XVIII , héritier légitime du trône , fut , pendant vingt-cinq ans , absent du sol français. Trompée tour-à-tour et par les évènemens et par la politique des cours étrangères, la famille royale des Bourbons a vu naître une génération à laquelle elle fut presqu'étrangère. Cette trop longue absence fut une des causes primitives des succès de Napoléon. Elle explique seule pourquoi tout un peuple fut aussi longtems le partisan d'un homme qui fit couler son sang par torrens. Vainement on supposera d'autres causes : il n'en est pas de plus souveraines et de plus décisives. L'absence de la famille royale a cramponné sur le trône un souverain qui dévora des millions , et dont l'ambition démesurée attacha des crêpes dans toutes les familles.

A cette cause-primitive de la puissance de Buonaparte , vint se rattacher une foule d'accessoires plus ou moins entraînans les uns que les autres.

Lorsque, pour la première fois, il ceignit l'échape consulaire, tout ce qu'il y avait d'honnêtes gens en France applaudirent à son début. On était harassé des divers *gouvernemens qui*, *depuis longtems*, déchiraient la France en tous sens ; gouvernemens dont les membres s'étaient traînés les uns les autres, ou à l'échaffaud ou dans les déserts de Sinnamary. Dans cet état d'anxiété, le peuple Français vit avec plaisir un homme, jeune encore et déja célèbre par de nombreux triomphes, prendre tout-à-coup le timon de l'état, le tenir d'une main ferme, enchaîner les haines, annihiler les factions, étouffer tous les partis, les réunir, et de ces divers élémens en fondre un gouvernement dont les prémices an-

noncèrent la force et la modération.
Certes , quoi qu'on en dise , cette
réunion de toutes les factions dans
un centre commun , ne pouvait
être que l'œuvre d'un homme de
génie.

~~~~~~

CHAPITRE II.

A ces heureux débuts du consulat,
les quatre cinquièmes de la France
firent des vœux pour le vainqueur
d'Arcole. Quel homme aurait pu
soupçonner que ce jeune Corse fo-
mentait alors les plus vastes desseins?
Soldat de notre révolution, il avait
vécu du pain de nos rois; pouvait-il
entrer dans la pensée que, bientôt,
il ceindrait leur diadême? Je sais que
bien des gens ont dit, après coup,
qu'ils l'avaient pénétré dès son début.
Si le fait est vrai, ils sont coupables :
leur premier devoir était de le dé-
masquer, il en était tems alors, et

peut-être eût-il opéré dans un autre sens.

Si les circonstances ont fait de nombreux partisans à Buonaparte, si même une portion d'entr'eux l'ont servi de très-bonne foi, il ne s'en prémunit pas moins contre les hommes qu'il soupçonnait en état d'entraver sa marche et de s'opposer à son ambition. Un ambitieux vulgaire les aurait écartés, et s'en serait fait des ennemis ; il fit mieux : il les rapprocha de sa personne, et bientôt ces mêmes hommes, chargés d'honneurs et de biens, devinrent ses créatures et ses plus chauds prosélytes. Celui-là serait complètement injuste qui prononcerait anathême contre les hommes qui acceptèrent alors des emplois : il suffit, pour le justifier, de se reporter aux tems et aux cir-

constances. Je dis plus : si ces nouveaux dignitaires n'avaient pas dans
la suite applaudi si souvent aux ca-
prices vagabonds et meurtriers de
leur nouveau maître ; s'ils se fussent
mis plus souvent entre ses projets de
conquêtes et les provinces qu'il me-
naçait, il serait difficile, même aux
plus chauds partisans des Bourbons,
de ne point les innocenter. Conseillers intègres, si cela se pouvait alors,
et jamais adulateurs, si cela était pos-
sible, ces mêmes hommes seraient
aujourd'hui de généreux citoyens, et
dignes de la considération du Roi.

Si quelques-uns d'entr'eux, mus
par la force des évènemens, ont été
faibles ou pusillanimes, quel homme,
dépouillant le souvenir des circonstances où ils se sont trouvés, aurait
le droit de leur en faire un crime

capital ? S'il en est qui pensent ainsi, certes ce ne sont pas les véritables amis du Roi , ce ne sont pas les sincères amis de la paix.

~~~~~~

CHAPITRE III.

Un homme d'état, un diplomate, un administrateur sous le règne de Napoléon peuvent-ils servir fidèlement le Roi ? Le gouvernement doit-il constamment les haïr et les persécuter ? Louis XVIII a décidé ces questions : prince intègre et éclairé, il s'est convaincu que si les circonstances et l'intérêt général commandaient impérieusement l'oubli du passé, l'équité même en faisait une loi que l'on ne pourrait enfreindre aujourd'hui, sans exposer l'Etat à de nouveaux dangers.

Notre révolution a généralement englobé les Français ; tous y ont pris

une part plus ou moins active, les uns,
il est vrai, plus ou moins innocem-
ment que les autres. Vouloir fouil-
ler dans ce gouffre profond de vingt-
cinq années, serait vouloir éterniser
la révolution et soulever la cendre
qui couvre à peine le foyer de nos
débats politiques. Il serait bien sage
de ne point prodiguer aux individus
l'épithète de partisan de Buonaparte;
il serait utile, au contraire, de con-
fondre dans un sentiment unanime,
ces dénominations dangereuses, dont
l'application réveille des souvenirs
qu'il faut à jamais oublier. Qu'est-ce,
au surplus, qu'un partisan de Buonaparte ? Soyons de bonne foi, et ré-
pondons : c'est un homme qui, jeté
dans le torrent des évènemens, n'a
pu leur résister ; je dirai plus : ce fut
souvent un individu qui cédait à des

penchans inhérens à sa nature, et
presque toujours invincibles. En effet, qui peut nier que le système général de l'homme ne soit fixe, et que
rien ne peut changer le mécanisme
du cœur humain ? D'après sa ten-
dance naturelle, l'homme isolé, sans
appui, sans fortune, sera en tout
tems et dans tous les pays, le partisan de quiconque lui offrira des honneurs et des richesses.

Dans l'état actuel des choses, cette
grande vérité doit être dans tous les
cœurs des ministres du Roi ; et si
elle est sentie comme elle doit l'être,
les plaies de notre malheureuse patrie saigneront moins longtems. Chaque fois que les personnes appelées
à commander aux autres prétendent
que les hommes soient autre chose
que ce qu'ils peuvent être naturelle-

ment, il en résulte des malheurs in-
calculables. Combien est plus sage
celui-là qui juge l'homme d'après le
mécanisme de son être, et la fai-
blesse que la nature et la société lui
ont départie !

~~~~~~~~~~~~~~~~~~~~~~~~~~~~~~~~~~~~~

CHAPITRE IV.

Tel a servi Buonaparte, qui, si Louis XVIII eût été en France lors des premiers débuts de l'usurpateur, n'aurait pas voulu approcher ce dernier. Plus l'on veut être de bonne foi et remonter à la source des évènemens, plus on s'aperçoit que le peuple français n'est pas le seul qui ait protégé l'ambition de Napoléon. On avouera facilement que les puissances étrangères, en abandonnant tout-à-coup la cause des Bourbons, ont les premières éloigné cette famille du trône où siégeaient leurs ancêtres. Les intrigues des autres cours avaient amené notre révolution ; leur poli-

tique mal entendue donna des sectateurs et des appuis aux factieux
divers qui, dans la suite, ont voulu
gouverner la France. Buonaparte,
homme de tête, actif, vigilant et
profondément hypocrite, devait,
sous mille rapports, l'emporter sur
ses rivaux. C'est sur-tout lui que
l'inaction des souverains d'alors a
le mieux servi. A Dieu ne plaise que
je les accuse ! Les uns, trompés
par leurs ministres, les autres, en-
traînés par la force des évènemens,
et plus d'une fois par leur intérêt
personnel, ont longtems été injustes
envers les Bourbons, en regrettant
de ne pouvoir les servir.

Je suis Français, je suis homme :
puis-je ne pas m'assimiler à toute la
douleur que dut éprouver le roi de
France, le jour que le sénat de Ve-

nise le contraignit à sortir de Véronne ? Un homme vulgaire n'eût
point résisté à tant de malheurs ;
mais le prince, plus grand en proportion de ses infortunes, quitte
Véronne et se rend à l'armée de
Condé. Il parut alors, sous la ru-
brique de Londres, un ouvrage où
ce procédé du sénat de Venise était
vivement censuré. Il y était dit que
cette rigueur serait une tache inéffa-
çable pour les membres du Sénat
qui la firent mettre à exécution.
Avant de condamner ainsi un corps
respectable, l'auteur aurait bien dû,
je crois, considérer la position où
se trouvaient alors les sérénissimes.
Je ne les justifie pas entièrement ;
mais je suis presqu'assuré qu'ils ne
pouvaient guère en agir autrement.
Voici, à l'appui de mon raisonne-

ment, une traduction fidèle d'une lettre de M. Beno-Spada, relative à cet évènement.

A Venise, ce 26 avril 1796.

« Je suis, mon très-cher Phileppi, arrivé le 8 de ce mois à Venise, où j'ai trouvé ta correspondance. Il est donc vrai que voilà presque toute l'Italie conquise ! Quel est donc ce Bonaparte ? rien ne lui résiste ; le château de Casseria s'est rendu, et Provera a été fait prisonnier avec son corps ! Tout est ici dans la plus grande consternation ; les magistrats ne savent plus comment s'y prendre pour arrêter l'ennemi. Cependant le sénat vient de faire une démarche qui lui à coûté des larmes de sang. Tu vois que je veux parler de l'ordre donné au roi de France de quitter

2

Véronne. Tu ne sais pas combien
cet acte de déférence aux volontés
terriblement exprimées du général
français, a fait naître de débats
avant que le sénat s'y soit déterminé. Ce qu'il y a de sûr, c'est
qu'il lui était impossible d'en
agir autrement, et c'est à tort que
l'on dit qu'une pareille action cou-
vrira d'infamie ceux qui l'ont or-
donnée. Il n'est pas un seul homme
ici qui ne rende justice aux vertus
de l'infortuné monarque, dont les
qualités sociales font le charme de
tout ce qui l'entoure. Beaucoup de
personnes même s'étonnent de ce
que certaines puissances l'ont ainsi
abandonné. Elles disent que si ce
prince pouvait seulement aborder
en France, et y déployer les émi-
nentes qualités dont il fait preuve

ici, c'en serait fait; ses sujets fati-
gués de révolutions, reviendraient
bien vîte à lui. Je l'ai vu, ce monarque : la bonté, la douceur et la
majesté se sont fondues dans l'en-
semble de tous ses traits. C'est, m'a
dit l'abbé Bunico, un prince reli-
gieux, fidèle observateur de sa pa-
role; et sur-tout l'un des plus savans
prince de son siècle. Il répondit à
ceux qui lui signifièrent de quitter
Véronne : « Apportez-moi le livre
d'or, je veux y biffer le nom de mes
ancêtres, et que l'on me rende ce
dont ils vous ont fait présent. »
Cette affaire n'a pas eu de suite,
et le prince est parti pour aller, dit-
on, rejoindre l'armée du prince de
Condé.

« Ainsi tu vois, cher ami, que
dans ce siècle de tribulations, le

malheur semble s'acharner de pré-
férence aux têtes couronnées.... »

Si cette lettre ne prouve préremp-
toirement que la république de
Venise ne fut injuste que par néces-
sité, elle est aussi un témoignage
bien authentique que Louis XVIII
était vénéré dans le pays qu'il habi-
tait alors, et c'est ce qui dément
formellement cette phrase de Buonaparte : « Que toute l'Italie voudrait
voir Monsieur *à cent lieues de ses*
frontières. » (Correspondance avec
Barras.)

~~~~~~

CHAPITRE V.

Louis XVIII, en quittant Véronne, se rendit à l'armée que commandait le prince de Condé. Quel tableau frappant des vicissitudes humaines ! Le roi de France, le petit-fils du grand Henri exilé de ses états, servant comme simple volontaire sous un prince de sa maison, commandant lui-même au nom d'une puissance étrangère ! C'était le comble de l'héroïsme et de la grandeur d'âme. Eh bien ! qui le croirait ! une tête couronnée voulut encore lui ravir ce poste de l'honneur ; il fut contraint de l'abandonner malgré

les nobles efforts qu'il fit pour se
soustraire à ce dernier malheur.

Il faut que la politique des cours
ait de bien cruelles lois pour forcer
un monarque à persécuter ainsi un
autre souverain ! Maintenant, ceux
qui veulent résumer les causes primitives des nombreux succès de
Buonaparte, et connaître quels furent
ses premiers partisans, n'hésiteront
pas à mettre au rang de ces derniers,
le prince qui obligea le roi de France
à quitter l'armée du prince de Condé.

La Providence, il est vrai, se
servit plus tard de l'homme qu'en-
hardissait l'indolence des cours
étrangères, pour venger sur elles-
mêmes le peu de protection qu'elles
accordèrent alors au roi de France.

L'isolement, ou plutôt l'oubli
presque général dans lequel fut mise

la cause des Bourbons, ne fut pas seulement un véhicule à l'ambition du guerrier corse, mais il fit encore de presque tous les Français, autant de complices involontaires de son usurpation.

La fameuse compagne d'Italie, où le général français fut constamment heureux, avait rendu son nom fameux dans toute l'Europe. Tous les regards étaient fixés sur un jeune soldat de vingt-six ans, forçant à la retraite de vieux généraux, guerriers expérimentés, blanchis sur les champs de bataille et généralement estimés. Le Français, naturellement enthousiaste de la gloire militaire, pouvait-il ne point admirer le jeune guerrier qui la lui procurait? Cependant, la paix de Léoben, en Stirie, vint un moment suspendre les triomphes de

Buonaparte. Un pareil homme ne pouvait rester longtems tranquille. Affamé de renommée et de combats, il partit pour l'Egypte. Rappelé secrètement en France, il fut longtems indécis sur le parti qu'il prendrait. Quel parti servirait-il? Travaillerait-il pour son propre compte, ou pour celui de Louis XVIII? Voici les demandes qu'il se faisait en Egypte. Il ne pensait point encore à la couronne de France. Rien de plus précieux que la lettre qui suit, écrite au Caire, le 28 juillet 1799, à son frère Lucien Buonaparte.

Mon frère,

« Tout, je vous l'avoue, doit bientôt finir en Egypte, si, comme je le crois, un renfort devient impossible.

Cette expédition, incalculable par ses résultats, demandait de la part du gouvernement français une vigueur, une activité que l'insuffisance et le peu d'énergie de la plupart de ceux qui le composent, rendent absolument impossible. Le directoire est l'opprobre de la nation ; les deux tiers des conseils s'éclaboussent ou sont des factieux ; la moitié des généraux qui commandent ne sont pas en état de faire manœuvrer une escouade du guet. Ce Souvarow est beaucoup trop heureux : il en prend à son aise ; mais si j'étais à sa place, je ne me vanterais pas d'avoir battu un Scherer. Ce piètre ne vaut pas, pour le commandement, le dernier goujat de Djessar.

« Ou il faut que Sieyes soit de pair avec Roger Ducos, ou qu'il ne le

mette pas sur le *qua non*. Je crains
leur disparate. L'un est creux, et
l'autre superficiel. Cambacérès a bien
jugé Barras, en disant que cet individu
n'a rien fait de bien que sa fortune (1).
En un mot, quel que soit le sens
dans lequel j'agirai, je vous assure
que je ne veux pas m'asseoir à côté
de cet homme-là. Toutes ces choses,
mon frère, jointes à quelques procédés secrets de Kleber, me tracassent et
ne me laissent pas toute la quiétude nécessaire au grand projet. Cependant,
vu l'état actuel des choses en France,
il faut en finir. L'Egypte, au surplus,
n'offre maintenant aucune ressource ;

---

(1) Buonaparte aurait bien dû ajouter et
la mienne ; car il ne pouvait se dissimuler
que Barras lui avait le premier frayé le che-
min de la fortune.

(*Note de l'Editeur.*)

tout ne peut y aller désormais que
de mal en pis : les amis peuvent
être sans allarmes ; mon retour
n'éprouvera aucune difficulté, tout
est manœuvré pour en assurer le
succès.

« Si tout me sourit où je suis, je
doute qu'en France ce soit la même
chose. Quoi qu'en dise la société, je
prévois beaucoup d'obstacles, pour
ne pas dire de grands dangers. Vos
tapageurs ne tiendront-ils pas à ne
voir en moi qu'un général ? Que
cela soit ou ne soit pas, je n'en
agirai pas moins comme si cela
était. Je m'ouvrirai toujours plusieurs
portes, et je serai toujours en mesure
de sortir avec gloire et profit d'un
choc où les brouillons seuls doivent
échouer.

« La correspondance est totalement

mal soignée relativement aux puissances qui nous environnent ; cette
corde principale y est à peine touchée :
ne devrait-on pas penser que les cours
étrangères pourraient bien s'immiscer
dans la grande affaire qui va s'élever,
sur-tout si un parti n'écrase pas
tous les autres. S'il y a divergence
et grande scission, je crains, dans
l'état où sont nos armées, que les
souverains ne se prononcent de
nouveau en faveur des Bourbons ;
dans ce dernier cas, je vous l'avoue
à l'oreille, pour peu que les choses
paraissent douteuses et les chances
indéterminées, je prends mon parti
et j'opère sur-le-champ en faveur
du prétendant. Je puis d'autant mieux
mettre ce projet à exécution, que je
suis sûr de tout le militaire, qui me
suivra encore avec plaisir. Si néan-

moins nous pouvons échapper à
cette détresse, nos affaires en iront
beaucoup mieux. Je vais tout disposer
pour le départ. Assurez les intéressés
que sous peu je leur tomberai sur les
bras. »

N... BUONAPARTE.

Est-il maintenant douteux que le
peu d'obstacles que Napoléon a
trouvés dans ses premiers projets l'a
enhardi dans de plus vastes desseins?
Si, au 18 brumaire, les souverains
se fussent de nouveau prononcés
pour le roi de France, c'en était
fait; il ressaisissait le diadème, et
Buonaparte lui-même co-opérait à
la restauration. Ce ne fut pas seulement au 18 brumaire qu'il conçut
le projet de rétablir le roi sur le
trône, dans le cas où lui-même

éprouverait trop d'obstacles à s'y placer : il en avait encore l'idée quelques mois avant qu'il ne mît le sceau à l'usurpation. Il est vrai qu'alors il prétendait se faire reconnaître roi de Lombardie : lui-même avait tracé ce projet tel qu'il fut publié au mois de juillet 1814 (1). Voici une autre pièce qui ne détruira pas les autres.

Au palais des Tuileries, 22 décembre 1803.

« Votre indisposition, ma chère épouse, me contrarie singulièrement. J'aurais, plus que jamais, besoin de votre présence à Paris, et je ne puis vous aller trouver à Malmaison. Je dois cependant faire cesser les in-

---

(1) Voyez les Mémoirs secrets. 2 vol.

quiétudes que vous laissez percer
dans votre dernière.

« Quel que soit l'orage que vous
supposez gronder autour de moi ,
je n'en crains point les éclats : depuis longtems je me suis fait un
abri contre la tempête des évènemens. J'aime à vous dire que si
j'étais réduit à ne pouvoir plus travailler pour mon compte , j'ai disposé mes plans de manière à prouver
que j'ai toujours travaillé pour
celui d'un autre. Vous savez que
c'est du prétendant dont je veux
parler. Quoi qu'il en arrive , soyez
tranquille : je dispose tellement des
chances , que la plus dangereuse
que je puisse éprouver , ce sera dé-
craser mes ennemis et de me cou-
vrir de gloire. N'oubliez pas cependant, que si j'opère dans le sens

du roi , c'est que mes intérêts per-
sonnels l'exigeront impérieusement ;
je vous dirai plus : c'est que ce glo-
rieux pis-aller ne convient nullement
aux vastes projets que j'avais conçus.

« Je ne suis pas content de voir
mon frère pencher aussi franche-
ment pour les Bourbons , et continuellement me citer Monk : si vous
pouviez le pressentir que je veux
faire mieux , si je le peux , vous me
feriez plaisir. »

Cette lettre qui , en 1803, parut
dans les journaux de Londres , fit
faire alors de nombreuses recherches au gouvernement français, qui
voulait connaître par quels moyens
la cour d'Angleterre s'en était procuré la copie. Trois personnes atta-
chées à la maison de Buonaparte

furent arrêtées et leur vie aurait
peut-être été compromise, si le
maréchal Bessières n'en avait ou-
vertement protégé une. Après bien
des démarches, il apprit qu'effecti-
vement Napoléon avait écrit cette
lettre à son épouse, sous la date
du 22 décembre 1803. Comme il
n'y avait qu'un an que les personnes
arrêtées faisaient partie de la maison
de Napoléon, il importait à leur
justification de savoir en quel tems
la lettre avait été frauduleusement
remise au gouvernement britan-
nique. La chose n'était pas facile;
cependant, à force d'argent et de
recherches secrètes, M. Drow,
principal agent du maréchal Bessières, dans cette affaire, lui fit de
Londres, la réponse suivante :

« Je suis fâché, M. le maréchal,

de ne pouvoir éclaircir entièrement l'affaire dont il s'agit. J'ai fait jouer mille ressorts et mis en œuvre une foule de gens attachés aux parties les plus secrètes du ministère ; néanmoins, de leurs démarches et des miennes, il n'est résulté que des demi-lumières. On m'a seulement assuré que depuis dix - huit mois, le cabinet de Saint - James connaissait le contenu de cette lettre, et que sa politique seule l'avait alors empêché de la publier. On m'a même glissé dans l'oreille que c'était un des frères de Buonaparte qui avait fait secrètement remettre copie de cette lettre au ministère anglais, à dessein de décider son frère en faveur des Bourbons ; parti que toute sa famille desirait alors de lui voir prendre. Cependant je

ne puis concilier ce fait avec la réponse qu'un de nos ministres fit
dans le tems au premier consul.
Lady B., qui est on ne peut mieux
avec lord Grenville, nous a dit
qu'à cette époque, il avait écrit à
Buonaparte, que la plus grande
sûreté pour une paix durable, serait
le rétablissement de la dynastie des
Bourbons en France.

« Daignez, M. le maréchal, ex-
pliquer vous-même cette contradic-
tion. Veuillez aussi ne point oublier
que, tout en ne vous donnant que
des données sans authenticité, je
crois avoir jeté quelque jour sur
cette affaire. »

Je suis, monseigneur, etc.,

DROW.

16 juin 1805.

Si les circonstances ne commandaient un silence absolu , on pourrait trouver dans la réponse au
maréchal , la solution de la poli-.
tique de l'Angleterre à cette époque.
J'observerai seulement que le fait
par lequel un des frères de Buonaparte, aurait fait passer au cabinet
de Londres la copie de la lettre que
ce dernier écrivait en 1803 à son
épouse , coïncide parfaitement avec
un paragraphe de cette même lettre,
où le consul se plaint qu'un de ses
frères penche en faveur des Bourbons ; et ce qui donne encore un
degré de probabilité à cette assertion , c'est qu'aussitôt que le maréchal Bessières eut fait part au ministre des communications qu'il
venait de recevoir d'Angleterre, les
trois détenus furent relâchés.

CHAPITRE VI.

Si Buonaparte tout puissant a souvent brusqué la fortune, il n'en est pas moins vrai que, depuis le 18 brumaire jusqu'au jour de son élévation à l'empire, il a toujours tâtonné les évènemens. Cette gradation dans ses projets lui a graduellement asservi tous les esprits. A peine fut-il nommé simple consul, qu'il mit tout en œuvre pour se faire nommer consul à vie : qui pouvait s'y opposer ? Tous les jours on sentait de plus en plus le besoin de concentrer le gouvernement. Le consul alors flattait généralement tous les partis , et cette politique astucieuse lui faisait des partisans dans toutes les classes de la société. La masse du peuple , satisfaite d'avoir comprimé les puissances étrangères , entrait toute entière dans les desseins du guerrier qui lui avait procuré cette satisfaction.

Les hommes qui pouvaient seuls traverser ses projets , n'étaient plus à craindre ; l'or et les honneurs les avaient bâillonnés. Plus de la moitié d'entre eux étaient de bonne foi , et croyaient même le pouvoir et le génie de Buonaparte essentiellement nécessaires au bonheur de leur patrie.

Il était donc de toute impossibilité physique et morale que les Français pensassent à leur roi légitime. L'effervescence de notre révo-

lution avait grandi la distance que
l'abandon des autres souverains
avait mise entre la France et son
monarque. Tous les états de l'Europe, les uns ébranlés, les autres
menacés, attendaient en silence le
résultat des évènemens.

On a dit souvent que l'époque à
laquelle Buonaparte déploya le plus
de génie et de sagesse, fut celle
qui existe entre le 18 brumaire et
sa nomination à vie. Je le crois ;
mais il faut avouer aussi, qu'il n'eut
pas besoin d'employer de grands
moyens pour réussir. Les hommes
et les circonstances semblèrent alors
se coaliser pour assurer le succès
de son ambition. Quand on se re-
porte à cette époque, on sent diminuer son étonnement. On est
contraint de s'avouer que bien des

hommes , dans la même position que lui , en auraient fait autant.

De tous les ambitieux qui désolèrent le monde , Napoléon Buonaparte fut celui qui le fut le plus éminemment. Le desir de commander aux autres le prit dans les langes , et devint son état habituel. Comme dit fort bien un auteur moderne , s'il n'eût pas commandé à des hommes , il eût voulu donner des lois à sa servante. Est-il donc étonnant qu'après sa nomination au consulat à vie, il ait conçu le projet d'envahir le trône de son roi ? Rien de plus simple ; et sans être lui , mille autres, à sa place , eussent agi de même. Un torrent qui ne trouve point de digue, se répand naturellement sur tout ce qui l'environne.

Un simple particulier, porté tout

à coup au faîte des grandeurs, ne pense point et ne saurait penser comme les autres hommes. S'il est ambitieux de sa nature, son ambition sera toujours en proportion des facilités qu'il trouvera pour l'assouvir. Raisonner autrement ne serait pas connaître le cœur humain.

Un écrivain plus éloquent que profond, plus brillant que solide, narrant d'après son cœur et rarement d'après la nature des hommes et des choses, a fait cette phrase : « Buonaparte, premier consul, ne devait point oublier qu'il tenait son éducation de la générosité de nos rois. La reconnaissance lui faisait un devoir de ne faire usage du pouvoir qu'il avait acquis, que pour rétablir sur le trône de Louis XVI, l'héritier de ce roi martyr. »

4

Ces réflexions sont excellentes, je le sais ; elles jaillissent d'un cœur vivement épris des notions du juste ; mais elles ne doivent pas moins être classées dans les rêves du bon abbé de Saint-Pierre. L'auteur, pour se persuader qu'il raisonnait dans le sens d'une nature qui n'est plus celle de l'homme, n'avait qu'à parcourir l'histoire de tous les peuples et de tous les tems : il y aurait vu des milliers de Cromwel pour un Mouk. Quand un mortel porte ses lèvres au vâse de la toute puissance, il faut le lui briser dans les mains, sinon il le tarit.

S'il est vrai que les hommes s'arrêtent rarement dans la carrière de l'ambition, était-il à présumer que les douces lois de la reconnaissance arrêteraient Buonaparte ? Buonaparte !

quel homme! quel nom sous lés
rapports de la soif des honneurs
et d'une immense réputation ! Si
nous eussions cru à la justice divine,
nous eussions vu la chute prochaine
de Napoléon dans sa rage insatiable
de conquérir et de désoler le monde.
Il fut, sans contredit, le plus puissant
monarque de l'Europe. Il donnait
des lois aux plus belles contrées de
l'univers; il avait une auguste compagne, un jeune héritier : ses désirs
furent-ils satisfaits? non. Pourquoi?
parce qu'une puissance au-dessus
des puissances humaines ne le voulut
pas. Vainement on cherchera d'autres
causes à sa perte : la main invisible
qui s'en était servi pour punir, le
frappa d'avenglement aussitôt qu'elle
n'en eut plus besoin. Pour accélérer
sa perte, le ciel lui conserva la

jactance et les fureurs de ses premiers triomphes. Depuis la malheureuse affaire de Léipsick, Buonaparte ne fut plus ce Napoléon qui,
dans les champs d'Austerlitz et d'Iéna,
mit à deux doigts de leur perte les
monarchies de Prusse et d'Autriche.
Il était disparu, ce général si prompt,
si décisif, dont la rapidité du coup
d'œil, rassemblait si habilement les
masses pour en écraser ses adver-
saires. Ce ne fut, dans ses dernières
compagne, qu'un soldat ordinaire,
un guerrier désorienté, manœuvrant
par saccade, tâtonnant toujours,
fatiguant ses troupes pour les mener
à des boucheries sans résultats.

~~~~~~~~~~~~~~~~~~~~~~~~~~~~~~~~~~~~~~

CHAPITRE VII.

IL faut être bien aveugle pour ne pas voir la main de Dieu dans le châtiment de l'usurpateur. Si tout en lui a changé, tout autour de lui prit aussi une nouvelle forme. Son despotisme avait secrètement usé les cœurs : la moitié de ses sujets ne lui obéissaient plus que par habitude ; la magie de son nom faisait moins d'effet, et les premiers élémens de sa perte commençaient à naître dans le mécontement d'une foule d'individus. L'éparpillement des opprimés et le défaut de contact entr'eux ne pouvaient, il est vrai, arrêter les projets de l'oppresseur, tant qu'une puissance étrangère ne se prononcerait pas contre lui. Néanmoins, c'était un volcan qui doucement brûlait sous ses pas , et dont l'irruption pouvait au-premier jour engloutir sa puissance.

Ce fut envain que de sages conseillers et d'habiles généraux, essayèrent de lui faire apercevoir le piège que chaque jour il creusait sous lui : des injures ou l'exil fut la récompense de leur fidélité. Despote absolu , il ne pouvait croire qu'un jour , une portion du peuple français aurait assez d'énergie, pour saisir l'occasion de secouer son joug.

Le ciel qui l'avait totalement abandonné , avait grossi les lumières des souverains alliés en proportion de celles qu'il lui avait ravies.

Ce ne fut plus, comme aux premiers jours de notre révolution, des coalitions partielles, dont les intérêts opposés paralysaient à chaque instant les dispositions des corps armés. Les souverains eurent le bon esprit de sentir que la chute du colosse dépendait de la réunion de leurs forces et de leurs sentimens : en un mot, et si j'ose m'exprimer ainsi, la coalition se coalisa fortement.

Cependant, si Buonaparte eût voulu se plier aux circonstances, il eût pu conserver le trône. Les conditions les plus honorables lui furent offertes à Chatillon ; mais il était frappé du sceau de la réprobation divine. Il persista dans ses volontés de fer, et bientôt après il perdit son trône.

CHAPITRE VIII.

Sɪ Buonaparte développa dans la carrière qu'il a parcourue , une ténacité sans exemple aux projets qu'il avait conçus, il la dut aux nombreux succès qui les couronnèrent. Il se fit de bonne heure un système de ne jamais rétrograder. Cette opiniâtreté date de ses premières tentatives. On peut juger de son amour-propre par le morceau suivant, extrait de sa correspondance secrète avec sa famille.

« Dites maintenant, Monsieur mon frère ; si j'aurais bien fait de céder à vos insinuations mal déguisées. En vérité, si vous changiez devant moi quelques guinées, je vous prendrais pour un agent du gouvernement anglais, ou pour un stipendié du prétendant. Vos home-lies en faveur de Louis XVIII m'eussent fait faire une faute que tôt ou tard je vous aurais vivement reprochée, et que je ne me serais jamais pardonnée. J'ai de grands pressentimens sur mes destinées ; mon cœur nage presque malgré moi dans un doux avenir. Maintenant premier consul, je serais le bourreau de ma gloire, si j'avais le courage de poser des bornes à mon ambition. J'ai, de la part des cours étrangères, leur politique pour bouclier. L'Au-triche saigne encore, et le silence de l'étonnemment enchaîne les au-tres. En France, je ne saurais me

5

déguiser que toutes les masses se roulent dans le sens de mes intérêts, et je veux la mettre dans le cas de ne pouvoir plus s'en séparer sans danger. Je médite un coup de la plus haute politique : de son succès dépend l'ampleur de ma gloire. Je veux fondre le sort de tous les Français avec mes propres destinées ; je veux marier la génération qui croît à mes diverses entreprises : je n'ignore pas que j'éprouverai de nombreux obstacles ; ceux que depuis longtems je renverse, me sont un garant que j'écarterai tous ceux que je rencontrerai. Je connais au surplus tous les matériaux qui doivent entrer dans l'édifice de ma gloire, et je saurai les mettre en œuvre. Mon frère Louis me conseille de ne point perdre de vue les partisans de la maison de Bourbon. Il craint que quelques-uns d'entr'eux ne me démasquent. Ah ! qu'il se rassure, le cher frère ; il ne sait pas que je les trompe avec des espérances, et qu'une portion d'entr'eux sert mes projets sans le savoir. Les différens partis qui m'entourent se trouveront tellement enfoncés dans l'arène, que personne n'en pourra rétrograder sans se compromettre.

« Quoi qu'il en soit, le succès ne m'aveugle point : j'ai toujours mon à parté, refuge honorable, tellement caché aux yeux du vulgaire, que les intéressés en connaissent à peine le secret. J'ai certains pressentimens que je n'en aurai pas besoin.

« Mon état est vraiment pénible. Chaque jour je visite la place et en fortifie les endroits faibles : aussi tout me dit que la sortie sera heureuse. C'est alors, mon frère, que vous avouerez qu'il n'est pas toujours bon de croire ses amis, même ceux qui ont quelqu'aparence de raison.

« Rentrez au plutôt, il faut encore voir bien du monde. Cambacérès et les adeptes sont bien ronds, bien en ligne; je les crois d'autant plus infaillibles, que plusieurs d'entr'eux croyent bonnement servir leur pays.

« Joséphine conseille bien, fort bien, mais toujours doucement; elle ne penche jamais pour les grandes manœuvres, et c'est ce qui me fâche. C'est elle aussi qui presse votre retour; elle est assez bonne pour croire que j'ai besoin d'être mitigé : Dieu sait si je peux le vouloir. »

Maintenant, peut-on douter que
Buonaparte, à peine premier cousul,
se portait déja en idée sur le trône.
Quoique sa correspondance soit
souvent énigmatique, on n'en devine
pas moins que l'auteur est dévoré
d'ambition. Cambacérès et d'autres
personnages étaient instruits du projet ; ils y coopéraient, les uns pure-
ment par intérêt, les autres intime-
ment convaincus qu'ils rendaient uu
service important à leur patrie.

Si quelque chose peut diminuer,
aux yeux des Bourbons, les torts des
diverses personnes qui ont figuré
sous le régime de Buonaparte, si
quelque chose même peut les innocenter, certes ce sera la multiplicité
des ressorts qu'il a fait mouvoir pour
capter la multitude ; ce seront les
piéges nombreux que son astuce et sa

perfidie tendaient continuellement à
la bonne foi de tout un peuple. Il était
de ses piéges que toute la puissance
humaine ne pouvait éviter. Pour
être persuadé de cette assertion, il
suffit d'avoir vécu de son tems, et
de s'être trouvé dans la position de
certains individus. Les Français qui
pendant son règne, résidaient chez
l'étranger peuvent, il est vrai, douter de cette vérité : un reste de mécontentement contre ceux qui ne par-
tagèrent pas leur émigration , leur
fait même une loi de croire le contraire ; ils ont tort, leur amour-propre et le défaut d'expérience locale
les mettent dans l'erreur.

CHAPITRE IX.

Peu de personnes ont su mieux
que Buonaparte mesurer la distance
que la nature avait mise entre le
trône et lui. Certes, jamais il n'en
fit publiquement l'aveu; mais il en
était intérieurement effrayé. Tout
le monde sait les offres qu'il fit faire
à Louis XVIII pour en obtenir une
abdication solennelle en sa faveur.
Un établissement avantageux, et les
plus brillantes promesses furent
faites au monarque français, dont
la réponse fut un refus positif et no-
blement exprimé.

On se ferait difficilement une idée

du chagrin que ce refus du roi fit
éprouver à Napoléon. Il en conçut
une haine extrême contre la maison des Bourbons; et s'il faut en
croire une personnne qui était alors
au près de lui, ce refus ne contri-
bua pas peu au meurtre d'un des-
cendant du grand Condé. Cette
idée prend beaucoup de consistance
dans ce qui suit, où l'on voit jusqu'à
l'évidence, que feue Joséphine, son
épouse, a souvent plaidé contre lui
la cause de l'héritier du trône.

« Une fois pour tout, madame,
ne vous jetez plus entre les Bourbons
et moi. Dans la position où nous
sommes tout est fini en France pour
cette famille; fasse maintenant qui
voudra des vœux en faveur du prétendant, il n'appartient plus à personne de le servir avec succès; si

j'en voulais croire ses avocats, je
me perdrais et lui n'obtiendrait
rien. De tous ceux qui ont gouverné
la France depuis la chute de la
famille royale, aucun n'a fait pour
elle ce que je viens de tenter. Je
viens d'en être récompensé de manière à me prouver qu'il ne sont pas
las d'être importuns à toute l'Europe. Je vous le dis, madame : dans
l'amertume de cœur où je suis, je
verrais de mauvais œil quiconque
me parlerait en leur faveur; ils ne
me connaissent pas, ils ignorent que
je puis et que j'aime à me venger.
Si quelques-uns d'entre eux conti-
nuent à m'aigrir, ils feront mal ; et
je pourrais les punir d'avoir re-
poussé la main qui voulait, autant
que faire se pouvait, les dédom-
mager de leurs pertes et d'un exil

que la marche des évènemens rend tous les jours éternel : je me sens de force à ne plus rien écouter sur cette affaire, bien déterminé à ne rien changer à mes projets. Mon homme d'Angleterre n'écrit pas, je ne sais qu'en penser. Faube ne l'a pas trouvé à Bristol ; il aura sûrement trouvé plus de besogne qu'il ne présumait : à votre retour, vous saurez bien des choses relativement à Lucien. »

BUONAPARTE.

Le premier consul desirait vivement ne monter sur le trône qu'en vertu d'une abdication de la part des Bourbons ; s'il eût obtenu un pareil acte, c'en était fait ; un Corse devenait légitime monarque de France. Une portion de ceux qui

n'avaient pas quitté Louis XVIII, se
trouvant dégagés de leurs sermens,
auraient bientôt rentré dans leur
patrie. N'ayant plus à objecter le
crime d'usurpation, les cours étrangères ne l'auraient point traité en secret, comme un usurpateur. Il connaissait tellement ces avantages, qu'il
disait à qui voulaient l'entendre :
« Je donnerais volontiers la moitié
de la France aux Bourbons, s'ils
voulaient me passer un contrat de
l'autre moitié. »

L'évènement a prouvé qu'il avait
mal jugé l'héritier du trône : il fallait bien peu connaître les petits-fils
de Henri IV, pour croire un moment qu'ils auraient signé leur infamie. Croirait-on, cependant, que ce
ne fut pas lui qui conçut le premier
l'idée de proposer au roi de France

d'abdiquer sa couronne? Trois de ses
intimes conseillers d'alors, lui en
firent les premières ouvertures. J'ai
même le plaisir aujourd'hui, de
voir un de ces hommes auprès
du roi, qui peut compter sur sa
fidélité.

~~~~~~

CHAPITRE X.

NAPOLÉON, bien convaincu que Louis XVIII ne lui vendrait jamais ses droits au trône, n'en conserva que plus fortement le desir de s'y placer : il n'ignorait pas que si la tentative n'était suivie d'un succès complet, c'en était fait de lui; et que, royalistes, francs républicains, jacobins, lui tomberaient sus. C'est pourquoi il prit toutes les précautions possibles pour ne pas échouer. Chaque minute, chaque heure du jour, il serrait les mailles du filet qui devait lui livrer la proie qu'il convoitait. La France, en état de paix, pouvait réfléchir, et ses réflexions n'être pas à l'avantage de son nouveau maître. Son projet d'envahir le trône pouvait percer, et ne pas trouver tout le monde disposé à le servir. Il fallait alors pour endormir le peuple sur son ambition, ou le rendre parfaitement heureux, ou l'enivrer de succès militaires.

Le premier moyen n'offrait aucun charme à Buonaparte : il comportait, au surplus trop de chances, et ne pouvait se réaliser qu'avec le tems ; le second, convenant beaucoup mieux à son caractère, à son ambition, et sur-tout à son amour pour le tumulte d'une bruyante renommée, était en même tems beaucoup plus expéditif.

Louis Buonaparte, son frère, qu'il consultait beaucoup à cette

époque, fut assez honnête homme
pour lui représenter que la France,
quoiqu'agrandie par ses victoires,
avait encore besoin d'un long repos
pour se remettre des tourmentes
révolutionnaires. « Le peuple, lui
dit-il, qui respire à peine, pourrait
bien murmurer de se voir lancé de
nouveau dans les champs de bataille. — Monsieur, lui répondit le
premier consul, vos observations
seraient bonnes, si je n'étais certain de la victoire. Mais, comme
mes succès sont assurés, n'oubliez
pas que le peuple français en gue-
nilles, n'osera jamais se plaindre
tant qu'il pourra reposer sa tête sur
les lambeaux d'une oriflamme prise
à l'ennemi. » J'avoue qu'il ne pouvait porter plus loin la connaissance
du peuple qu'il commandait. L'ex-

périence a prouvé que tant qu'il fut heureux dans les combats, il fut généralement fêté, et que sa chute ne fut que la conséquence de ses défaites.

Cependant il existait des traités. Pour un autre que Buonaparte, c'eût été des obstacles ; il eût fallu temporiser en attendant les évène-mens. Avec lui, rien de tout cela ne pouvait être. Chacun sait que ja-mais personne ne connut mieux que lui le funeste secret de rompre les pactes, ou de forcer ses ennemis à les enfreindre. Quelle puissance pouvait compter sur les sermens d'un prince qui écrivait à son am-bassadeur : « Demandez, et deman-dez encore ; à la fin on vous refusera ; c'est ce que je veux. » Ce fut d'après un pareil système que son ambassadeur à la cour de Vienne , reçut des instructions secrètes qui lui enjoignaient de lasser la patience du cabinet autrichien. La guerre fut donc résolue. Le ciel , qui n'est pas toujours pour les meilleures causes , couronna glorieusement le premier consul à Marengo. Une paix glorieuse s'ensuivit , et le vainqueur revint à Paris.

L'occasion était trop belle pour la négliger. Séduite par les triomphes du guerrier, investie par les menées sourdes qu'il avait ourdies dans tous les départemens encombrés d'agens vendus à ses intérêts , la France fut toute entière pour lui. Je dis toute entière, et j'ai raison ; car, le peu d'opposans qu'il y eut, ne pouvait faire nombre. L'Europe

6

apprit enfin que Napoléon Buonaparte était empereur des Français.

Ceux-là sont bien inconséquens
ou plutôt bien injustes, qui osent
faire un crime aux Français d'avoir
salué leur premier consul du nom
d'empereur. Le petit-fils de Saint-
Louis, l'héritier légitime du trône,
vint-il alors le lui disputer les armes
à la main ? Hélas ! non. La politique des cours lui avait ravi les
moyens de s'opposer à son ambition. Le nom même du roi n'arri-
vait plus aux confins de son héri-
tage. L'inquisition consulaire y avait
mis bon orbre.

Le défaut de moyens et non le
courage, comme on s'est plu à le
dire, ont manqué au roi de France
pour revendiquer ses droits. Ils
étaient sacrés ces drois, je le sais;

mais une foule de Français n'était
plus en mesure de les reconnaître.
Peuple séduit, la France a reçu un
nouveau maître que lui donnaient
l'intrigue, l'illusion de la gloire et
le torrent des évènemens, à-peu-
près comme un régiment reçoit un
colonel qu'il a vu simple soldat dans
ses rangs : il lui suffit, pour reconnaître ce nouveau maître, que ce
soit l'autorité qui le lui envoie.

~~~~~~

CHAPITRE XI.

Quoi qu'en dise Buonaparte, il
ne faut pas croire qu'avant son
avènement au trône, il était absolument impossible de l'empêcher
d'y monter. Un évènement funeste
faillit au contraire le perdre pour
toujours, si, sur-le-champ, les
puissances étrangères se fussent pré-
sentées en armes, et Louis XVIII à
leur tête.

Depuis quatre ans, le premier
consul avait fondu la grande majorité des Français dans l'intérêt de
son ambition. Dix-huit millions
d'hommes croyaient faire leur devoir

en lui obéissant, sur-tout lorsque personne ne réclamait leur obéissance. Cependant, un crime atroce que d'odieux calculs lui firent commettre alors, l'aurait nécessairement culbuté, si quelqu'un eût menacé la France de venger sur elle l'assassinat d'un petit-fils du grand Condé. Oui, la mort funeste du duc d'Enghien, mit un crêpe dans tous les cœurs. Ses complices exceptés, Buonaparte s'aliéna momentanément tous les Français. Ce fait, si honorable pour la nation, est si vrai, que le premier consul s'aperçut du mécontentement général dans les personnes même qui l'approchaient. Pour s'en convaincre, il suffit de lire ce passage des Mémoires secrets ; il est tellement à l'appui de ce que j'avance ici, que

je ne puis m'empêcher de le rap-
porter. « Il est impossible , dit cet
« écrivain, de se faire une idée de
« l'impression que fit la mort du
« prince sur presque toutes les
« personnes qui entouraient ordi-
« nairement Buonaparte. Tout prit
« autour de lui un air sombre et
« réservé ; il y en eut qui prenaient
« si peu la peine de lui déguiser
« leur mécontentement , qu'il s'en
« aperçut, notamment dans un de
« ses ministres d'alors, M. le comte
« C....—Je crois, citoyen ministre,
« lui dit-il devant tout le monde,
« que vous feriez beaucoup mieux
« de mettre par écrit ce que vous
« avez à me dire ; vous n'auriez
« pas au moins la peine de me
« parler ; car je vois depuis quel-
« ques jours, que cela vous fatigue,

« et que vous ne communiquez qu'à
« regret, avec moi. »

M. C..... lui répondit : « Il est
« des circonstances, citoyen consul,
« où l'homme n'est pas maître d'être
« agréable à tout le monde, sans
« néanmoins avoir le desir de bles-
« ser qui que ce soit. »

Le sang du duc d'Enghien était
un gage que Buonaparte avait donné
aux meurtriers de Louis XVI. Désormais leur complice, et rassuré sur
leur compte, il fit ses dispositions
pour mettre le sceau à son usurpation. Les couronnes étrangères
pouvaient seules s'opposer à ses
projets : aussi mit-il tout en œuvre
pour obtenir leur consentement.
Tous les cabinets de l'Europe étaient
encombrés de ses agens. On avait

répandu des flots d'or , et une foule d'hommes d'état avaient été achetés ou corrompus.

Si quelques années après, l'Europe fut indignée de lui voir traiter une puissance du nord avec tant d'acharnement , c'est qu'elle ignorait, qu'en faisant peser une main de fer sur ce pays, le vainqueur se vengeait de ce qu'autrefois, il avait été contraint de lui payer des sommes immenses.

J'ai vu dans les bureaux du ministère des relations extérieures , division des relations politiques du nord , un compte fait qui prouvait qu'un gouvernement seul , s'était fait acheter un peu plus que cinquante millions. Quoi qu'il en soit , il est constant que les premières

puissances de l'Europe n'attendaient
que l'issue du procès du général
Moreau, pour reconnaître le nouveau titre du premier consul. Cet
assentiment général de tous les cabinets acheva de ranger sous les
bannières de l'usurpateur le peu
de Français qu'il n'avait pas encore
séduits. Maintenant, qui peut nier
que les souverains d'alors furent les
premiers et les plus puissans partisans de l'ambitieux ?

Les Français, infiniment moins
coupables, n'avaient pas, comme
l'Autriche, la Prusse et la Russie,
les moyens d'écraser le despote ;
mais sitôt que ces puissances ont
voulu le faire disparaître de la liste
des souverains, elles y ont réussi.
Il leur suffisait de le vouloir forte-

ment. Il était moralement impossible que la chute de Buonaparte fût l'ouvrage de la France seule; il avait pendant quinze ans beaucoup trop lié d'intérêts aux siens. La position où se trouvait une foule de familles, leur faisait un devoir de ne point abandonner sa cause tant qu'il ne serait point totalement terrassé. Des milliers de personnes portaient ses couleurs tout en desirant sincèrement pouvoir les quitter sans danger. Il en était de ces gens-là dans toutes les classes de la société : ministres, généraux, administrateurs, citoyens et soldats, formaient une majorité qui, depuis longtemis, appelait un nouvel ordre de choses. Faut-il que cette vérité bien constante soit aujourd'hui méconnue, non-seulement d'une partie

de la France, mais encore de la
part des puissances étrangères! Oui,
l'Europe et beaucoup de mes compatriotes sont aujourd'hui dans l'erreur sur le compte du peuple français.
Cette erreur est la source première
des calamités qui pèsent sur la patrie.
On nous croit turbulens parce que
nous avons suivi les drapeaux d'un
homme ami de la discorde et du
fracas. On nous croit ennemis de
la tranquillité générale, parce que
des malheurs sans nombre nous
déchirent journellement. Quoi! Nous
avons une foule d'écrivains, et pas
un seul ne se chargera de la
défense d'un peuple qui ne céda
qu'à la force des circonstances!
Celui-là qui chercherait aujourd'hui
les causes de la scission générale
des esprits, qui démontrerait qu'elle

n'a rien de bien allarmant, et que
c'est seulement faute de nous ména-
ger les uns les autres, que nous
sommes divisés; celui-là, dis-je,
rendrait de grands services au roi
et à ses ministres : qui l'oserait serait
sans contredit un généreux citoyen,
et les résultats de son entreprise
seraient immenses pour le bonheur
public et particulier; il justifierait
notre malheureuse patrie aux yeux
des étrangers; il mettrait sous les
yeux du roi et de ses conseils,
des vérités qui n'y parviendront jamais
parce qu'ils ne peuvent pas par état,
se rouler dans toutes les conditions
de la grande famille. Ces vérités
porteraient un beaume salutaire dans
le cœur du monarque. Ce prince,
naturellement sensible et généreux,
sourirait à la certitude bien démon-

trée qu'il n'aura que très-peu besoin
de punir. Ses conseils aimeraient
être convaincus que les plus basses
classes de la société ne sont qu'ai-
gries par le malheur des tems, et
nullement affectionnées au parti d'un
homme qui fit tous leurs malheurs.

Avec quelle satisfaction princes,
ministres et citoyens, apprendraient-
ils que cette armée, où nous comp-
tons les uns des frères, les autres
des fils, et ceux-là des amis, n'est
qu'entraînée, et que d'habiles mé-
diateurs peuvent aisément la ramener
autour du trône ! Là, j'entends déja
siffler les serpens de quelques journaux, écrits incendiaires, qui tous
les jours ameutent les citoyens,
réchauffent les haines, désignent
les victimes au couteau de la vengeance, et marquent la place où

ils voudraient voir un Français frapper son frère. Certes, et je pourrais assurer le prince qu'il est certaines feuilles publiques qui, sous prétexte de servir sa cause, font tout ce qu'elles peuvent pour aigrir les citoyens les uns contre les autres. Les cruels ! ne sommes - nous pas assez divisés ? N'a-t-il pas assez coulé de sang ? Oui, si la liberté de la presse ne devait encourager que de pareils fléaux, mieux vaudrait la supprimer. Que faut-il maintenant aux rédacteurs de journaux pour écrire dans le sens d'une réconciliation général ? suivre l'auguste modèle qu'ils ont devant les yeux. Que leurs écrits s'imprègnent de la bonté du roi ; que leurs phrases soient aussi douces que celles qui tous les jours sortent de sa bouche : c'est

alors qu'ils pourraient rendre d'importans services à leur patrie ; mais
non : je viens de nommer l'armée ;
écoutez-les : ceux qui la composent
sont un ramas de traîtres, de rebelles
et de bandits ; et ce sont des Français
qui donnent ces titres à des guerriers
que respectent même leurs ennemis !
Ce sont des Français, qui traitent
ainsi et nos fils et nos frères ! Le
roi sans doute ne partage pas ces
horribles sentimens. Son âme est
trop belle et trop pure pour lancer
un pareil anathême : aussi, avec
quel plaisir j'aime à lui assurer que
ces mêmes soldats sont plutôt en-
chaînés par les circonstances que
séduits par un autre parti. Je puis
d'autant plus affirmer cette vérité,
que j'ai vu, de mes propres yeux,
vu ce que j'avance. J'ai parcouru

dernièrement les rangs de l'armée française ; j'ai beaucoup interrogé les soldats : les uns me disaient : « Que sommes-nous ? de malheureux soldats. Pouvons-nous avoir un point d'unité, une volonté à nous ? Nous suivons nos officiers qui eux-mêmes obéissent à leurs généraux. » Les autres répondaient qu'on les avait persuadés que sous les Bourbons, ou leur préparait la honte, le mépris, les châtimens et la misère. Cette fatale certitude est, je l'assure, la première et peut-être l'unique cause de son éloignement. D'autres m'entouraient et me disaient avec franchise: « De tous ceux d'entre nous qui crient vive Buonaparte! il en est les trois quarts qui voudraient ne pas l'avoir connu. Son nom fait un effet magique sur nous, même

en le maudissant : que nous manque-
t-il pour l'oublier ? connaître le
prince que nous devons servir, le
voir quelquefois ou les princes de
sa famille; on les prierait d'oublier
ce qui s'est passé, de ne pas nous
avilir, de ne pas nous enlever vingt
ans de victoires et de travaux. Croyez-
vous que nous ne sommes pas las
de suivre un homme à des boucheries sans fin ? » Ce sentiment que
dément l'expérience existe pourtant,
même dans le cœur des vieux
soldats; et si d'un moment à l'autre ils se voyaient en paix et ho-
norés, Buonaparte serait bientôt
oublié. Voilà, je le répète, la véritable moralité de toutes nos armées,
Raisonne qui voudra en sens contraire; ceux-là ne seront toujours
que des hommes de parti ou des

écrivains superficiels, toujours prêts
à prendre l'apparence pour la réalité.
Il n'en est pas moins vrai que s'il
entre dans les vues du roi que nos
armées soient encore l'honneur et
le boulevard de notre patrie, il ne
lui sera pas aussi difficile d'opérer
sa soumission que certaines personnes veulent bien le lui persuader.
La réunion des belles cohortes françaises au panache de Henri IV serait
peut-être le signal d'une réconciliation générale. Cette idée me raffraîchit
l'âme. Je crois voir dans la réalité
un avenir de paix et de bonheur.

S'il est des hommes appelés à travailler ce grand œuvre, quels qu'ils
soient, ils auront bien mérité du
prince et de la patrie. Qu'ils n'ou-
blient pas de tracer aux soldats français, d'un côté, le portrait du guer-

rier farouche qui depuis vingt ans
les mène à des boucheries sans nombre, et les abandonne au milieu
des grands carnages ; de l'autre ,
montrez-leur ce roi bon, sensible
et bienfaisant, ami de la paix et de
l'humanité, prêt à tout oublier, les
recevoir et les reconcilier avec l'Europe armée ; que sur-tout on leur
dise bien : la paix du monde , le
repos de votre patrie , la tranquillité,
l'intérêt et le bonheur de vos familles,
tout dépend de votre réunion sincère
au parti de vos rois légitimes.

CHAPITRE XII.

Tromper les masses sur le véritable état des choses fut toujours un des grands moyens qu'employent les personnages intéressés à l'erreur générale. Cet art de dénaturer les évènemens, de mettre les faits dans un faux jour, ou de les faire interpréter dans le sens qu'on veut leur donner, date, il est vrai, du berceau du monde. L'homme qui fit le premier mensonge fut le père de l'imposture. Cet art, je l'avoue, ne peut cesser d'être, tant que les hommes ne cesseront pas d'exister. Cependant, je crois que les divers partis de notre révolution l'ont porté au plus haut

degré de perfection. Si quelque chose
peut prouver cette dernière assertion,
c'est le morceau suivant. L'empereur
déchu l'avait, dit-on, lui-même rédigé
pour faire partie d'une proclamation
lue à l'armée française, le 29 juin
dernier. Voici ce passage que le
général en chef eut le bon esprit
de supprimer. Il est copié mot à
mot sur l'original de l'état-major
général. « Soldats ! si les Bourbons
« règnent désormais en France, vos
« vingt ans de victoires vont être
« des crimes dont ils vous puniront
« tôt ou tard. Ceux qui les ont suivis
« à Gand brulent déja d'être à portée
« d'insulter à vos personnes et à vos
« malheurs passagers : revenus à la
« suite des bagages, les lâches se
« flatteront de vous avoir vaincus.
« Vous vaincre ! Soldats ! vous savez

« s'ils osèrent seulement envisager
« vos rangs dans le loingtain : non.
« Si les Bourbons ont toujours eu
« soif du sang de France, ce furent
« toujours des étrangers qu'ils char-
« gèrent des dangers de le répandre. »

Cet extrait, je le demande à l'homme de bien, à l'homme impartial,
n'est-il pas dégoûtant d'impostures et
d'infamie ? On y impute à la lâcheté,
l'action la plus noble, la retenue
la plus sublime dont un monarque
puisse s'honorer ; car, en supposant
le roi pétri d'une plus noble argile,
en est-il moins homme ? ne pouvait-il
pas êtré indigné d'avoir été si
bassement trahi ? ne pouvait-il
pas desirer s'en venger et réunir
ses troupes à celles de l'étranger ?
Ces deux derniers sentimens, l'un
d'une indignation motivée, et l'autre

d'une vengeance naturelle, peuvent
avoir un moment remué l'âme du
prince; mais plus grand, plus fort
que ses passions, il sut les réprimer.
Malgré les vœux de ceux qui le
suivirent à Gand, malgré le desir
de quelques princes de sa maison,
il défendit sévèrement que ses troupes
allassent se mettre à côté des alliés :
aussi dit-il à un officier - général
qui l'avait rejoint à Gand après la
défaite de l'armée française : « Vous
n'avez pas vu de Français contre vous
aux champs de Fleurus et au mont-
Saint-Jean; je n'ai pas voulu que
le sang de France fût versé par des
mains françaises. »

Ces paroles de Louis XVIII le
peignent tout entier. Quel monarque
a plus de droits à l'estime générale ?
Ce trait est comparable à celui de

Henri. IV. donnant du pain à la capitale qu'il assiégeait. L'un ne voulait pas laisser mourir de faim des sujets rebelles ; l'autre ne voulut pas voir les siens verser le sang de ses sujets égarés. Hé bien ! n'est-il pas affligeant pour l'humanité de voir une aussi belle action interprétée en sens contraire ! Ceux-là certes, sont bien méchans ou bien aveugles, qui rétorquent un acte de bonté aussi paternelle contre le courage de ceux qui suivirent le roi dans sa retraite. Des Français, sous quelque bannière que ce soit, ne sont-ils pas des guerriers pleins d'honneur ? La couleur des banderolles peut-elle opérer physiquement sur le courage d'une nation qui a fait ses preuves de bravoure ? Ah ! cessez, par amour pour notre malheureuse patrie, au-

jourd'hui à deux doigts de sa perte,
cessez, imprudens, d'accuser le monarque généreux dont la main re-
pousse journellement la coupe des
vengeances. Vos discours réveille-
raient des haines qu'il faut éteindre à
jamais.

Je croirai facilement que ce fut
Buonaparte qui rédigea cette tirade
calomniatrice contre les Bourbons.
Incapable d'une pareille action, il
n'en pouvait souffrir l'existence. Im-
pétueux guerrier, il versa des torrens
de sang français; imprudent général,
il venait tout récemment d'en abreuver
les plaines du Brabant. Humide
encore de ce sang précieux, pouvait-il
ne point dénaturer les procédés d'un
prince qui craignit d'en répandre
une goutte. Une action vertueuse
devient une accusation secrète pour

l'homme coupable : aussi Buonaparte calomniant l'humanité du roi de France, et donnant une autre cause à sa modération, n'a fait que ce qu'il fit constamment durant son règne. Jamais prince n'a porté plus loin la perfidie et le mensonge. Son génie imposteur se développait en proportion des circonstances et de la fermentation des esprits. Cette théorie mensongère, il l'avait inculquée à ses conseils : les exposés de ses ministres, les bulletins de ses armées n'en sont-ils pas la preuve la plus complète? C'est quand les éclats de la foudre nous ont déchirés que l'on nous a dit qu'elle allait gronder sur nos têtes.

Lorsque le général Bertrand lui apprit que le prince d'Eckmul avait refusé d'insérer dans sa proclamation

à l'armée le passage accusateur de
la retenue du roi, il ne put s'empêcher de dire, avec un dépit mar-
qué : « Et Davoust aussi !... Que
veut-on maintenant que l'empereur
fasse en France, puisqu'il ne peut
obtenir de dire deux mots à ses
troupes? »

CHAPITRE XIII.

Il est en France, et dans la capitale sur - tout, une erreur que partagent généralement, et les classes mitoyennes et celles du premier rang. Ces deux portions de la société sont persuadées que la classe ouvrière est une cohue méprisable, n'ayant qu'un seul instinct, celui du trouble et du désordre. Depuis les grands seigneurs jusqu'au courtaud des boutiques, c'est à qui lui prodiguera et des injures et des calomnies. Cette fourmillière d'hommes insultés a pourtant des bras, et l'on ne redoute pas qu'elle se

venge ! Tous les écris, depuis le retour du roi jusqu'à ce jour, donnent
à ce qu'on affecte d'appeler populace, des titres plus ou moins
odieux. Qu'appelle-t-on populace ?
Ce sont, dans Paris seulement,
trois cents mille individus qui jasent,
parce que rien ne les occupe, qui
murmurent, parce qu'ils n'ont pas
de pain, et qui n'ont d'autre parti
que celui au nom duquel ils peuvent
bavarder et tuer le tems. Le gouvernement, et j'ai le courage de le dire,
est très-mal informé de la moralité
de la classe populeuse : tout ce qui
lui arrive, sous ce rapport, est
inexact et superficiel. Un commis-
saire de quartier, un agent de po-
lice, sont appelés dans une émeute;
ils arrivent : un simple aperçu leur
suffit; et sans remonter aux causes

premières du désordre, au nombre
et aux véritables intentions des fau-
teurs, ils appliquent à la classe entière l'erreur et les opinions de
quelques individus qui, peut-être,
n'ont d'autres moteurs de leurs ac-
tions, que leur position malheureuse, leur inactivité ou de perfides
insinuations. De ces rapports par-
tiels, mal rédigés, jamais réfléchis
et toujours faits à la hâte, les chefs
de divisions font un résumé général,
tout aussi faux que les pièces sur
lesquelles il est calqué. On nomme
ensuite ce travail, esprit public ;
et c'est d'après un tel rapport, que
le gouvernement prend une opinion
et dirige ses travaux.

Il est impossible de décrire les
malheurs qui découlent journellement de ces fausses notions. Une

classe malheureuse, plus faite pour inspirer la pitié que la crainte, s'aigrit journellement contre les premières autorités qui la méprisent. Tout ce qui, dans son désœuvrement prête le flanc à son humeur chagrine, en est saisi avec avidité, et les agitations de ses groupes n'ont aucun but fixe, aucun point de ralliement. Ces masses, j'ose l'assurer, ne sont nullement à craindre, parce qu'elles n'ont aucune mauvaises intentions, et que leur détresse fait toutes leurs erreurs. Le bien de l'état exige cependant que les autorités s'occupent d'améliorer son sort autant que faire se pourra ; c'est peut-être, de tout ce dont le gouvernement s'occupe aujourd'hui, l'objet le plus essentiel. Quelque soit l'état du trésor public, il est de

l'intérêt du roi d'adoucir quelque
peu les malheurs de la classe ouvrière, en avisant aux moyens de
lui procurer des travaux. Il n'est
pas de sacrifices qui doivent lui
coûter, pour atteindre ce but : ce
serait un coup mortel porté aux
projets secrets de quelques partisans
de l'ancien gouvernement. C'est, et
j'en suis certain, sur le desespoir de
la classe malheureuse, qu'ils fon-
dent les espérances qui leur res-
tent.

Buonaparte n'aimait pas naturellement la classe ouvrière : cependant, jamais monarque n'a fait
mouvoir plus de bras. Ce goût décidé pour les grands monumens,
il le dut au besoin d'occuper la
population. Despote insolent , il
disait un jour au roi de Saxe qui

le complimentait , sur les nombreux édifices dont il avait enrichi Paris : « Vous ne savez donc pas, mon cher cousin , que la canaille ne conspire pas quand elle travaille. »

Jamais , en effet, sous son règne, les travaux ne cessèrent que quand il eut besoin de recruter ses armées. Alors le commerce tombait tout-à-coup , les ateliers se fermaient , des milliers d'ouvrier sans ressources et sans pain , plutôt que de se jeter à l'eau , préféraient s'inscrire ou se vendre. Il n'y a pas quinze jours, que je surpris dans la bouche d'un de ces malheureux, cette phrase désespérée : « Au moins, sous l'empereur, j'aurais eu la ressource de m'aller faire tuer. » Je le répète, c'est à tort que les débris du parti

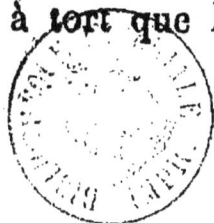

9

Buonapartiste, attribuent à l'intérêt
qu'inspire leur chef, les cris imprudens et les petites émeutes de la
population. L'inactivité des individus en est seule la cause et le premier principe. Que le roi de France
le veuille, et bientôt il leur aura
prouvé ce que j'avance ici.

Le despote ne se bornait pas à
commander des travaux publics,
il exhortait souvent les personnes
de sa cour à faire travailler pour
leur propre compte. Ce fut à un
reproche qu'il fit au cardinal Fesch,
son oncle, que Paris doit la belle
maison que ce prélat a fait cons-
truire rue du Mont-Blanc.

- Ce dernier, comme on le sait,
est propriétaire d'une riche collec-
tion de tableaux. Un jour qu'il
montrait à Buonaparte une Made-
laine qui lui coûtait vingt-sept mille

francs : « Je serais plus satisfait ; lui répondit celui-ci, si vous me montriez deux cents ouvriers à vous bâtir une maison digne de l'oncle d'un empereur. »

Le reproche fut senti , et pendant plusieurs années , quatre ou cinq cents ouvriers de tout état, furent au compte du cardinal. Les courtisans, presque toujours singes de leur maître , se firent un devoir d'entrer dans ses goûts. Une immense quantité de numéraire ne fut point alors enfoui dans le coffre-fort du nouveau millionnaire. Des sommes immenses rentrèrent dans la circulation , et le trésor du prince s'en accrut d'une partie.

Si dans l'état de choses où nous sommes , le monarque n'a pas complètement tous les cœurs de ses sujets, la misère et le malheur de

plus des trois quarts d'entre eux
sont la cause qu'ils balancent à
prendre ses couleurs. Ceux de ses
conseils qui s'étudieront à lui persuader le contraire , seront non-
seulement ses ennemis; mais bien
plus ceux du bonheur public.

Il est encore une cause qui re-
froidit momentanément les sujets
de sa majesté. Cette cause malheureuse n'influe pas seulement sur
une classe particulière et sur la
capitale , mais bien encore sur tous
les départemens et sur les citoyens:
on devine que c'est la présence des
alliés en France. Faut-il qu'il y ait
des gens qui osent méconnaître la
main qui nous a ramené ce fléau?
Si le souverain de l'île d'Elbe n'eût
point repassé la mer , eussions-nous
vu de nouveau les armées ennemies
dans la capitale ? Mais qu'est-il be-

soin de s'occuper des moyens qu'il
aurait fallu employer pour prévenir
ce fléau, maintenant qu'il s'épanche
en tous sens sur notre malheureuse
patrie ! Je n'imiterai point de coupables écrivains, je ne ferai point l'éloge
des troupes étrangères. Sur les débris
des villages en cendres, je ne van-
terai point leur modération. J'ai vu
les lieux où elles passent, j'ai en-
tendu sanglotter leurs victimes ; je
dirai, qu'en dépit de leurs chefs et
contre les intentions de leurs au-
gustes souverains, les soldats de
toute arme commettent des hor-
heurs. Je ne dissimule pas, qu'autrefois les nôtres en agirent de même
dans leurs pays. Ils furent coupables, sans doute ; mais les sujets
de Louis XVIII auraient droit à
plus de ménagement. Qui peut arrêter aujourd'hui la main qui nous

déchire ? le roi ! oui , lui seul peut
nous sauver l'excès des calamités
qui pèsent sur nous. Si l'estime que
lui portent les monarques étrangers n'est pas illusoire , il plaidera
près d'eux la cause de ses sujets. Si
on leur a dit qué nous sommes un
peuple inquiet, turbulent, il leur
dira : Chez les Français, il était un
homme audacieux , inquiet , entre-
prenant, l'ennemi , en un mot, du
repos du monde , cet homme est
tombé ; il n'est plus maintenant que
des Français jaloux de vivre en paix
avec l'univers , et de se reconcilier
avec les nations. Si dans les groupes
vous entendez encore le nom de
votre ennemi capital , c'est le dernier cri d'une faction expirante ,
qui cherche envain des échos dans
une population désœuvrée et malheureuse.

~~~~~~~~~~~~~~~~~~~~~~~~~~~~~~~~~~~

CHAPITRE XIV.

L'homme qui aime sincèrement le prince et la patrie, applaudira sans doute au but que je me suis proposé dans cet ouvrage. J'ai voulu prouver que nos malheurs présens prenaient tous leur source dans nos divisions intestines, et que ces calamités ne sauraient décroître, tant que nos passions persisteraient à nous montrer coupables des hommes qui ne furent que faibles ou égarés. Mes vœux auront été remplis, si je puis contribuer à faire disparaître les épithètes injurieuses que se prodiguent des citoyens qui ne devraient avoir qu'une seule devise : la Patrie et le Roi. Nous aurons les uns et les autres de grands sacrifices à faire :

nous les ferons, puisque le repos et
le salut de la patrie en dépendent.
Un des plus importans sans doute,
sera l'oubli de nos fautes politiques.
Un homme d'un fatal génie nous a
longtems égarés : n'en parlons désormais que pour être en garde
contre ceux qui voudraient agir en
son nom. Que bientôt, au sein d'une
douce paix, nous puissions nous
écrier avec Colardeau :

Nous respirons... O nuit ! couvre de tes ténèbres
Des tems plus malheureux, et des jours plus funèbres !
Un monstre... Ah ! repoussons ce fatal souvenir !
Qu'un long oubli l'efface aux yeux de l'avenir.

Je terminerai cet opuscule par
quelques particularités encore in-
connues du public, sur les causes
qui firent, de la violette, un signe de
ralliement au parti du souverain de
l'île d'Elbe. On a forgé, sur le nom
de cette fleur, une conspiration dont

tous les élémens sont faux. Le hasard seul fit , de la violette , un signe
de reconnaissance : voici le fait tel
qu'il s'est passé ; je le tiens des per-
sonnes-mêmes.

Trois jours avant son départ pour
l'île d'Elbe , Buonaparte , accom-
pagné du duc de Bassano et du général Bertrand , se promenait dans
le jardin de Fontainebleau : le prince
était encore incertain s'il devait pai-
siblement se rendre dans son exil.
Le duc de Bassano lui prouvait qu'il
n'était plus tems de reculer. Vivement affecté des objections de son
secrétaire, Napoléon marchait toujours , et ne sonnait mot : il n'avait
rien à répondre ; il cherchait, au contraire, quelque distraction à l'em-
barras qu'il éprouvait. Il voit à côté
de lui un joli enfant de trois à quatre
ans , qui cueillait des violettes dont

il avait déja fait un petit bouquet.
« Mon ami, lui dit le prince, veux-
tu me donner ton bouquet ? — Sire,
je le veux bien, répondit le jeune
garçon, en le lui présentant avec
une grace infinie. » Buonaparte reçut
le bouquet, embrassa l'enfant qu'il
reconnut pour être celui d'un des
employés du château, et continua sa
promenade. Après quelques minutes
de silence : « Eh bien ! messieurs,
dit-il à ses courtisans, que pensez-
vous de cet enfant ? le hasard de
cette rencontre est selon moi un
avis secret d'imiter cette fleur de
modeste apparence ; oui, messieurs,
désormais des violettes seront l'em-
blême de mes desirs. — Sire, lui
répondit Bertrand, j'aime à croire,
pour la gloire de votre majesté, que
ce sentiment ne durera pas plus que
la fleur qui l'a fait naître. » Le

prince n'ajouta rien et rentra chez lui.

Le lendemain on le vit se promener dans le jardin, avec un petit bouquet de violettes à la bouche, quelquefois à la main. Arrivé près d'une platte-bande, il se mit à cueillir de ces fleurs : elles étaient assez rares en cet endroit ; le nommé Choudieu, grenadier de sa garde, alors en sentinelle, lui dit : « Sire, dans un an, vous en cueillerez plus à votre aise, elles seront plus touffues. » Buonaparte, extrêmement étonné, le regarde : « Tu crois donc que dans un an je serai ici ? — Peut-être plutôt, au moins nous l'espérons. — Soldat, tu ne sais donc pas que je pars après demain pour l'île d'Elbe ? — Votre majesté va laisser passer l'orage. — Tes camarades pensent-ils comme toi ? — Presque tous. — Qu'ils le pensent, et ne le disent pas. Après ta faction, va touver Bertrand, il te remettra vingt napoléons, mais garde le secret. »

Choudieu, rentré au corps-degarde, fit observer à ses camarades, que depuis deux jours l'empereur se promenait avec un bouquet de violettes à la main. « Eh bien ! maintenant il faudra tous le nommer, entre nous, le père la Violette. » En effet, depuis ce jour, toutes les troupes, dans l'intimité des chambrées, ne désignèrent plus Napoléon que sous le nom du père la Violette. Ce secret perça insensiblement dans le public ; et dans la saison des violettes, les partisans de l'ex-monarque portèrent tous cette fleur, ou à la boutonnière, ou à la bouche ; ce fut à cette marque qu'ils se reconnurent.

FIN.

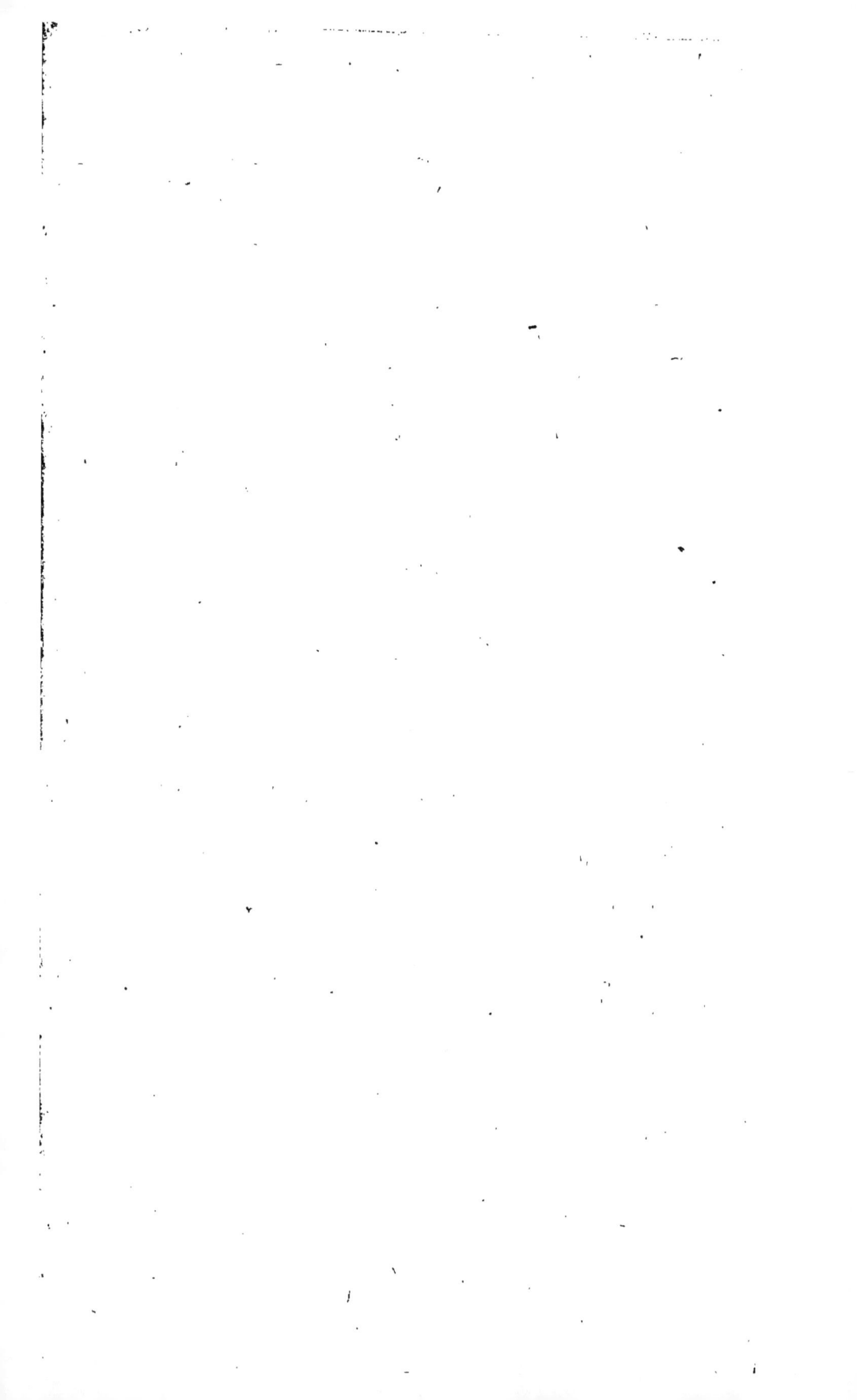

www.ingramcontent.com/pod-product-compliance
Lightning Source LLC
Chambersburg PA
CBHW071206200326
41519CB00018B/5386